Daniel Carlsten

Auf Wanderschaft

Aus dem Englischen von Philippa Smith

Katzen sind lustig. Sie machen ihr eigenes Ding. Im Gegensatz zu anderen Haustieren können sie frei auf den Straßen umherstreunern. Mal sind sie nur für ein paar Stunden weg, mal sind es ganze Tage oder sogar Wochen.
Was dauert denn so lange? Was treiben sie?

Poppy angelte sich einen Fisch.

Luka überwachte die Nachbarschaft.

Maurice gönnte sich ein ordentliches Abendmahl.

Leo ging mit seiner Freundin Bella etwas trinken.

Oscar nahm an einem Kurs teil.

Lizzy besuchte ihren Verwandten.

Roman hatte Papierkram zu erledigen.

Coco verlor die Zeit aus den Augen.

Alba musste unbedingt
diesen Vogel sehen.

Nori suchte sich ein Sonnenplätzchen aus.

Mei schaute beim Kunstmuseum vorbei.

Luna machte sich auf, die ganze Welt zu sehen.

Oliver genoss etwas Zeit für sich.

Daniel Carlsten ist ein schwedischer Künstler. Selbst hat er keine Katze, vielmehr fürchtete er sich früher sogar ein wenig vor ihnen. Katzen zu zeichnen war für ihn deshalb eine gute Möglichkeit, mehr über sie zu erfahren und schließlich ihre Anwesenheit zu schätzen. Wenn Daniel nicht gerade Kinderbücher gestaltet, unterstützt er Unternehmen darin, sich visuell auszudrücken. Er hat mehrere Designpreise gewonnen und einige seiner Werke sind dauerhaft im Nationalmuseum in Stockholm und im Röhsska Museum in Göteborg ausgestellt.

Für Louie und Almon

Der Verlag HELVETIQ wird vom Bundesamt für Kultur mit einem Strukturbeitrag für die Jahre 2021–2025 unterstützt.

Auf Wanderschaft

Auch auf Englisch erhältlich: Out and About

© 2025 Daniel Carlsten

Text und Illustrationen: Daniel Carlsten
Satz und Layout: Daniel Carlsten und Ewelina Proczko
Übersetzung aus dem Englischen: Philippa Smith
Korrektorat: Myriam Sauter

ISBN: 978-3-03964-086-7
1. Auflage: Januar 2025
Hinterlegung eines Pflichtexemplars in der Schweiz: Januar 2025
Gedruckt in Lettland

© 2025 HELVETIQ (Helvetiq AG)
Mittlere Straße 4
CH-4056 Basel
Schweiz

helvetiq.com

MIX
Papier | Fördert gute Waldnutzung
FSC® C008322

Oder etwa doch?

Domino hat das Haus gar nicht erst verlassen …